VOGELSANG

IM HERZEN DES NATIONALPARKS EIFEL

EIN BEGLEITHEFT DURCH DIE EHEMALIGE „NS-ORDENSBURG"

von

Franz Albert Heinen

© Gaasterland-Verlag
2. Auflage
Düsseldorf: 2006

ISBN 3-935873-11-5

Fotos:
Sammlung Heinen
(wenn nicht am Bild anders bezeichnet)

mail@gaasterland-verlag.de
www.gaasterland-verlag.de

Danksagung

Der Dank des Autors für gute Ratschläge und sonstige Unterstützung
bei der Erstellung dieses Begleitheftes gilt insbesondere den Historikern
Klaus Ring von der Standortentwicklungsgesellschaft Vogelsang und
Dr. Volker Dahm, dem Vorsitzenden des „Wissenschaftlichen Fach-
beirats", der das Manuskript auf fachliche Richtigkeit geprüft hat.
Diesbezüglich geht der Dank auch an den Historiker Gerd Modert,
dessen Ratschläge mir eine wertvolle Hilfe waren.

INHALT

VOGELSANG

IM HERZEN DES NATIONALPARKS EIFEL
EIN BEGLEITHEFT

VORWORT

Fast 60 Jahre lag die ehemalige „NS-Ordensburg" Vogelsang seit 1946 inmitten des militärischen Sperrgebietes des Truppenübungsplatzes Vogelsang. Ende 2005 übergab die belgische Kommandantur das seit 1950 unter ihrer Regie geführte „Camp Vogelsang" in der Nordeifel an die Bundesrepublik. Damit übernahm Deutschland auch die Verantwortung für die Bauwerke der ehemaligen „NS-Ordensburg": eine monumentale Propaganda- und Landschaftsarchitektur aus der Zeit des Nationalsozialismus.

Bewusst hatten die alliierten Siegermächte ab 1946 den Gebäudekomplex, eine ehemalige Hochburg nationalsozialistischer Ideologie, durch die Ummantelung mit dem Sperrgebiet des neuen Truppenübungsplatzes buchstäblich aus dem Blickfeld der Deutschen genommen. Auch in den wenigen nationalsozialistischen Jahren zuvor war die „Burg" weitgehend ein Sperrbezirk gewesen, zu dem die Öffentlichkeit nur ausnahmsweise Zutritt erhielt. Insofern blieb Vogelsang trotz seiner Lage mitten in Europa seit dem Bau 1934 bis Ende 2005 weitgehend

unzugänglich, ein kaum bekanntes Stück Land. Seit dem 1. Januar 2006 liegt die Immobilie nun im Herzen des noch jungen Nationalparks Eifel und kann während der Öffnungszeiten besichtigt werden.

Die Deutschen stehen nach der Rückgabe des Areals vor der ebenso spannenden wie schwierigen Aufgabe, dieses monumentale Bauerbe des „Dritten Reichs" zu öffnen und Vorschläge für eine zivile Nutzung zu finden. Die Jahre 2006 und 2007 fallen in die Phase des Umbruchs, in der die Weichen für die neuen Nutzungen gestellt werden. Einige kurze Hinweise mögen zu Beginn deutlich machen, um was es geht.

Vogelsang ist:
- ein weltweit einmaliges Baudenkmal. Nirgendwo sonst gibt es eine derart große, authentisch erhaltene Landschaftsarchitektur des „Dritten Reichs".
- ein herausragendes Zeugnis für die Herrschafts- und Propaganda-Architektur im Nationalsozialismus.
- ein erklärungsbedürftiger Ort, weil er sich den Besuchern nicht von selbst erschließt.

- ein Gebäude-Ensemble, das angesichts seiner Geschichte unübersehbar politische Brisanz in sich birgt.
- durch die exponierte Lage im Herzen des noch jungen Nationalparks Eifel nicht beliebig nutzbar.
- eine gewaltige immobilienwirtschaftliche Herausforderung angesichts der Tatsache, dass es um die dauerhafte Erhaltung von rund 50.000 qm denkmalgeschützter Gebäudefläche geht.

Dieses Heft möchte in anschaulicher, allgemein verständlicher Form über die Vergangenheit Vogelsangs informieren. Es bietet darüber hinaus vielfältige touristische Service-Informationen. Unter anderem findet man einen detailliert beschriebenen „Rundgang" für diejenigen Besucher, die auf eigene Faust die weitläufige Immobilie erkunden möchten.

Weiterhin führt eine Kurzwanderung im Nationalparkgebiet den Leser zu den Überresten des früheren Dorfes Wollseifen, das im Zuge der militärischen Nutzung nahezu völlig zerstört wurde.

Der Service- und Info-Teil enthält Hinweise über Anreise- und Unterkunftsmöglichkeiten, Öffnungszeiten und Eintrittspreise sowie über Literatur, Internetseiten und Telefonnummern.

Vogelsang befindet sich derzeit in einem tiefgreifenden Umbruch, jeder Tag bringt nicht vorhersehbare Veränderungen und Neuerungen. Der Autor bemüht sich, das Heft auf dem jeweils aktuellsten Stand zu halten. Dennoch ist es zusätzlich ratsam, sich vor der Anreise über aktuelle Änderungen und Angebote auf den Informationsseiten der Serviceagentur Vogelsang im Internet zu informieren.
www.vogelsang-ip.de

Kontakt:
Standortentwicklungsgesellschaft Vogelsang
c/o Serviceagentur Vogelsang
Forum Vogelsang
53937 Schleiden

info@vogelsang-ip.de
fon +49 (0)2444 91 57 90
fax +49 (0)2444 91 57 929

F.A. Heinen,
im März 2006

DIE „NS-ORDENSBURG"
PROPAGANDA-ARCHITEKTUR IN DER EIFEL

Propaganda-Architektur in der Eifel: Detailansicht der so genannten „Burg" und der Unterkunfts-gebäude.

Im „Dritten Reich" erbauten die Nationalsozialisten ab 1934 tief in der Nordeifel oberhalb des Urftsees bei Gemünd die so genannte „Ordensburg Vogelsang". Bauherrin war die „Deutsche Arbeitsfront" (DAF), an deren Spitze Robert Ley stand. Den Anlass lieferte akuter Mangel an qualifizierten Führungs-kräften auf der mittleren und höhe-ren Ebene der „Nationalsozialisti-schen Deutschen Arbeiterpartei" (NSDAP) unmittelbar nach der Ernennung Adolf Hitlers zum Reichskanzler am 30. Januar 1933. Vorgesehen war zunächst der Bau von drei „Schulungslagern" der DAF am Crössinsee in Pommern, bei Sonthofen im Allgäu und nahe der belgischen Grenze in der Nordeifel. Bereits während der Planungsphase änderte sich jedoch die Zielsetzung: Der ursprünglich gewählte Begriff „Schulungslager" wurde bald durch „Schulungsburgen" ersetzt. Schließ-lich setzte sich die Bezeichnung „Ordensburgen" durch, in denen Führungskräfte für die NSDAP „er-zogen" werden sollten. Spätere Pläne zum Bau einer weiteren „Ordensburg" bei der historischen Marienburg des Deutschen Ordens in Ostpreußen wurden nicht reali-siert.

Die Inschrift neben der fünf Meter hohen Plastik „Der Fackelträger" beschrieb die künftige Funktion der Vogelsanger „Junker" aus nationalsozialistischer Sicht. Sie sollten „Fackelträger der Nation" sein, politische Soldaten des NS-Staates.

Der von Ley mit dem Bau der westlichen „Ordensburg" beauftragte Kölner Architekt Clemens Klotz errichtete die Gebäude in einem Bereich von landschaftlich herausragender Lage oberhalb der Urft-Talsperre, im Städtedreieck Schleiden, Heimbach und Gemünd. Im ersten Bauabschnitt entstanden in nur zweijähriger Bauzeit Unterkünfte, Versorgungs-, Sport- und Unterrichtsgebäude für die Ausbildung von bis zu 500 künftigen Parteifunktionären. Im Volksmund wurden die Teilnehmer der späteren Lehrgänge bald als „Junker" bezeichnet. Schon der erste Bauabschnitt vermittelte den Eindruck einer in die Landschaft modellierten monumentalen Propaganda-Architektur, deren ganze Wucht sich dem Betrachter allerdings nur aus der Ferne erschloss: vom gegenüber dem Urftsee liegenden Hang des Kermeter-Waldes aus. 1936, als der erste Lehrgang auf Vogelsang begann, bestanden am Hang oberhalb des Urftstausees folgende, deutlich zu unterscheidende Baugruppen: Ganz oben thronte an der Abbruchkante eines Hochplateaus zum Urfttal die eigentliche „Burg", die als solche nur durch einen 48 Meter hohen „Bergfried"

Detail-Ansicht Vogelsangs im Luftbild im Jahr 2004. Die meisten Bauwerke aus der NS-Zeit sind erhalten. Foto: Georg Schmitz

und einen von niedrigeren Bauten umschlossenen „Burghof" symbolisiert wurde. Im Turm befand sich eine durch Lichtschlitze beleuchtete, sehr hohe Halle, die den ideologischen Baukern Vogelsangs bildete: den „Kultraum". Im Zentrum dieser „Ehrenhalle" für die beim gescheiterten Münchener Putsch 1923 ums Leben gekommenen 16 Mitverschwörer Hitlers stand die mehr als drei Meter hohe Holzplastik eines unbekleideten Mannes mit erhobenem rechtem Arm. Sie symbolisierte das eigentliche Ziel der „Ordensburg-Erziehung": die Schaffung eines „neuen deutschen Menschen".
(Siehe Info-Kasten „NS-Rassenpolitik" Seite 18).

Die „Ehrenhalle" war auch Ort nationalsozialistischer kultischer Handlungen. Dort besiegelten beispielsweise im Rahmen „brauner Hochzeiten" die Gatten ihre Ehe, wie dies bei christlichen Glaubensgemeinschaften am Altar der Kirche üblich ist.

Unmittelbar an den „Bergfried" schloss ein „Gemeinschaftshaus" an, dessen Obergeschoss ein Hörsaal mit 500 Sitzplätzen ausfüllte. Im Erdgeschoss auf dem Niveau des „Adlerhofes" befand sich ein ebenso großer Speisesaal. Zur Seeseite hin bot das Gebäude einen grandiosen Blick auf die urtümliche, gewundene Seelandschaft der Urfttalsperre und die dahinter emporwachsenden, bis zum Horizont reichenden dunklen Eifelwälder.

Robert Ley, der Erbauer der „Ordensburgen", war seit 1932 „Reichsorganisationsleiter" der „Nationalsozialistischen Deutschen Arbeiter-Partei" (NSDAP). Der am 15. Februar 1890 in Niederbreidenbach bei Nümbrecht geborene Ley diplomierte 1914 als Lebensmittelchemiker, bevor er als Kriegsfreiwilliger im Ersten Weltkrieg an die Westfront kam. 1917 geriet er in französische Kriegsgefangenschaft, aus der er 1920 deutlich gesundheitlich angeschlagen nach Deutschland zurückkehrte. In der Folge entwickelte sich seine sprichwörtliche Alkoholsucht. Später trat er eine Arbeitsstelle als Chemiker bei den Bayer-Werken in Leverkusen an. 1928 wurde er wegen schwerer antisemitischer Ausfälle und wegen seiner Alkohol-Exzesse entlassen.

Seit 1924 war Ley Mitglied der NSDAP, ein Jahr später berief Hitler ihn zum „Gauleiter von Rheinland-Süd". Parteiintern machte der fanatische Antisemit und Agitator rasch Karriere. 1928 wurde er Mitglied des Preußischen Landtags, 1933 bis 1945 gehörte er dem Reichstag an. Am 8. Dezember 1932 ernannte ihn Hitler zum „Reichsorganisationsleiter". In dieser Funktion war Ley zuständig für Fragen der inneren Organisation der Partei und des Dienstbetriebs, insbesondere für die Personalpolitik sowie die fachliche und weltanschauliche Schulung des Parteipersonals. Seit Mai 1933 war Ley gleichzeitig Chef der „Deutschen Arbeitsfront" (DAF). In dieser Organisation waren nach der gewaltsamen Auflösung der Gewerkschaften am 2. Mai 1933 Arbeitgeber- und Arbeitnehmer-Vertretungen zwangsweise vereinigt worden.

Die DAF bildete bald die mitgliederstärkste Organisation des Dritten Reichs, die über vielfältige, reich sprudelnde Einnahmequellen verfügte. Ley kämpfte, wie andere Nazis auch, unablässig um den Ausbau seiner Machtposition innerhalb des Regimes. Unter anderem gelang es ihm, sich zum Herrn der neuen Partei-„Ordensburgen" und der dortigen Ausbildung zu machen. Seit 1939 verlor er jedoch deutlich an Einfluss. Im Mai 1945 wurde er von US-Truppen in Berchtesgaden verhaftet und fand sich bald auf der Anklagebank beim Hauptkriegsverbrecherprozess in Nürnberg wieder. Er entzog sich dem Urteil der Richter durch Selbstmord.

An das Hauptgebäude lehnte sich ein Bauwerk an, das – dem Profil der Hangkante folgend – die „Burg" mehrgeschossig auf eine Gesamtbreite von 210 Metern ausdehnte. Die Untergeschosse nahmen unter anderem die große Bibliothek und den Lesesaal Vogelsangs auf. Das Obergeschoss war lediglich zur Landseite hin zugemauert, die Seeseite blieb hingegen offen. So richtete diese „Wandelhalle" sehr bewusst den Blick in die grandiose Landschaft und auf das achsensymmetrisch errichtete weitere Bau-Ensemble.

Auf der Ebene unterhalb der „Burg" am steil abfallenden Hang standen zehn – extrem karg eingerichtete – Massenunterkünfte für jeweils 40 Personen. Noch weiter abwärts entstanden alsbald im zweiten Bauabschnitt eine Freilichtbühne, die zunächst auch als Thingstätte diente, mit 800 Sitzplätzen sowie großzügige Sportanlagen. Dazu gehörten Sportplatz, Sporthalle und Hallenbad. Zunächst war vorgesehen, 500 Parteifunktionäre gleichzeitig auf Vogelsang auszubilden. Schon bald jedoch veränderten die Planer ihr Ziel und gingen von

Blick in den Speisesaal der Burgschänke, 1938.

bis zu 1.000 Kursteilnehmern aus. Daher entstanden ab 1937 weitere Unterkünfte, die am Westhang des Bergrückens rechtwinklig an die vorhandenen Unterkünfte angefügt wurden. Noch 1937 ging auch die Burgschänke als dritter Flügel der „Burg" mit 500 Sitzplätzen in Betrieb. Im gleichen Jahr entstand etwas abseits ein Bauwerk, in dem das weibliche Hilfspersonal einquartiert wurde. Ab 1938 diente dieses Gebäude als Lazarett, von 1941 bis 1945 als Krankenhaus für die Region.

Seit 1936 uferte die Planung des Architekten Klotz für Vogelsang ins Gigantische aus. Zur Landseite hin, gut einen halben Kilometer von der „Burg" entfernt, entstand 1938 bis 1939 ein repräsentativer Eingangs- und Wachbereich mit einer Tordurchfahrt, die durch Säulen gerahmt wurde. Beide Flügel des Eingangshofes mündeten jeweils am Kopfende in Türme.

Die Bebauung der eigentlichen „Mitte" Vogelsangs zwischen Eingangstor und „Burg" kam letztlich über Rohbauten nicht hinaus, da 1941 kriegsbedingt jede Bautätigkeit auf Vogelsang eingestellt wurde. Wäre dieser Kern der Anlage realisiert worden, dann hätte er die ohnehin schon vorhandene monumentale Bebauung buchstäblich in den Schatten gestellt. Dort sollte ein „Haus des Wissens" entstehen, dessen Fundamente und Grundmauern bis 1941 teilweise angelegt wurden. Dieser Komplex auf einer Fläche von 100 mal 300 Metern mit einer an eine Kathedrale erinnernden Ehrenhalle und diversen

Blick vom Hörsaal 1938 in die als „Kultraum" bezeichnete „Ehrenhalle" im Turm. Dort stand die mehr als drei Meter hohe Plastik „Der deutsche Mensch".

Seitentrakten greift Formen des antiken Tempelbaus auf. Die ursprüngliche Funktion Vogelsangs scheint völlig von der Nutzung für Propagandazwecke überlagert zu werden: als Bühne zur Selbstdarstellung der Partei und ihrer Repräsentanten.

Weiter sollten auf Vogelsang entlang der rund anderthalb Kilometer langen Zufahrt die größten Sportanlagen Europas entstehen. Neben einem gewaltigen „Haus des Sports" zeichnete Architekt Klotz unter anderem ein weiteres Schwimmbad mit einer Bahnlänge von 200 Metern. Die Erdarbeiten dafür wurden teilweise realisiert. Ein Reitstall war östlich des „Haus des Wissens" vorgesehen. Im südöstlichen Vorfeld Vogelsangs wurde im August 1939, einen Monat vor dem kriegsbedingten offiziellen Ende der „Ordensburg"-Ausbildung, ein Flugplatz in Betrieb genommen. Dort sollten die „Junker" das Fliegen erlernen. Ebenfalls etwas außerhalb hatte Klotz den Bau eines 2.000-Betten-Hotels vorgesehen. Dazu kam es jedoch nicht. ∎

Der Kölner Clemens Klotz (1886 – 1969) war Autodidakt, seine Fähigkeiten also angelernt. Gleichwohl hinterließ er markante architektonische Spuren, insbesondere aus der Zeit des „Dritten Reichs", als er in größerem Ausmaß für die „Deutsche Arbeitsfront" (DAF) repräsentative Bauwerke plante. Die bekanntesten Klotzschen Planungen aus dieser Zeit sind die „Ordensburgen" Vogelsang und Crössinsee sowie eine riesige, vier Kilometer lange Hotel- und Erholungsanlage, das Seebad Prora bei Mukran auf der Insel Rügen. Darüber hinaus baute Klotz die „Adolf-Hitler-Schulen" in Waldbröl und Asterstein nahe Koblenz. Der Kölner erreichte im „Dritten Reich" bei weitem nicht den Einfluss, den etwa Hitlers Architekt Albert Speer bei den Machthabern genoss. Aber durch seine Bekanntschaft mit dem Chef der „Deutschen Arbeitsfront", Robert Ley, kam Klotz dennoch zu den oben erwähnten Großaufträgen. Seit 1936 trug er einen Professoren-Titel. Es spricht für den Opportunismus des Architekten, dass er 1953 anlässlich einer Visite bei der belgischen Kommandantur des Truppenübungsplatzes Vogelsang eine Zeichnung vom „Haus des Wissens" aus der NS-Zeit über- reichte. Mit einer kleinen, aber durchaus bedeutsamen Änderung: Das Hakenkreuz war durch das christliche Kreuz ersetzt.

Als Landschafts- architektur plante Clemens Klotz die „NS-Ordensburg" Vogelsang.

DIE „JUNKER"
– LEYS „ELITE-SCHULUNG"

Als „Junker" bezeichnete der Volksmund bald die Teilnehmer an den Lehrgängen in den „Ordensburgen". Diese Gruppe posierte für den Fotografen vor den Unterkünften am Urftseehang.

Am 6. Mai 1936 begann die Ausbildung auf Vogelsang mit einem einjährigen Lehrgang, der den Zweck hatte, das Stamm-Personal für alle drei „Ordensburgen" zu schulen. Es folgten nur zwei Regel-Lehrgänge (1937/38 und 1938/39). Mit dem Beginn des Zweiten Weltkriegs am 1. September 1939 wurde die „Ordensburg"-Ausbildung eingestellt. Kein „Junker" hat also jemals die vorgesehene insgesamt dreieinhalbjährige Ausbildung absolviert. Diese sollte je ein Jahr in Vogelsang, Crössinsee und Sonthofen sowie ein halbes Jahr in der (nie gebauten) Schule nahe der Marienburg umfassen.

Die angehenden „Nachwuchsführer" wurden – zum großen Teil durch Ley persönlich – nach Kriterien ausgewählt, die man in der Rückschau bestenfalls als kurios bezeichnen kann. Gefragt waren nicht etwa Fähigkeitsnachweise für die Bereiche Organisation oder Verwaltung. Ley soll sogar ausdrücklich verboten haben, die Bewerber nach Zeugnissen oder anderen üblichen Qualifizierungsnachweisen zu fragen. Vielmehr war das Kernkriterium für die Aufnahme auf den „Ordensburgen" Leys persönlicher Eindruck, dass er einen „ganzen Kerl" vor sich hatte. Vorab mussten die Kandidaten, die von den Parteileitungen aus ganz Deutschland vorgeschlagen wurden, ihre „arische Abstammung" belegen, sie sollten kerngesund sein (Brillenträger waren beispielsweise ausgeschlossen) und den Wehr- und Arbeitsdienst absolviert haben. Das Eintrittsalter sollte demnach bei etwa 25 bis maximal 30 Jahren liegen. Zunächst wurden ausschließlich Bewerber akzeptiert, die sich möglichst schon vor 1933 in der Parteiarbeit engagiert hatten. Es gab weitere Abstrusitäten: So forderte Ley, dass die Aspiranten verheiratet sein sollten. Er vertrat die Ansicht, dass es einem Mann an Entschlusskraft fehle, wenn er mit 25 Jahren noch nicht verheiratet war. So kamen Menschen mit höchst unterschiedlichen individuellen Fähigkeiten zu den Lehrgängen nach Vogelsang. Es verwundert daher nicht, dass etliche später dem Unterricht kaum folgen konnten. Eines aber hatten alle „Junker" gemeinsam: Sie waren überzeugte, „scharfe" Nationalsozialisten, die in dieser bereits vorhandenen weltanschaulichen Einstellung auf Vogelsang massiv bestärkt wurden. Insofern war Vogelsang eine Hochburg der nationalsozialistischen Ideologie.

Zentrales Unterrichtsthema war die menschenverachtende Rassenlehre der Nationalsozialisten, die letztlich zur Unterteilung der Menschheit in angeblich hoch stehende „arische Herrenmenschen" und in Angehörige angeblich „minderwertiger Rassen" führte. Einen weiteren Unterrichtsschwerpunkt bildete die Außenpolitik. Dabei

Täglich traten die Lehrgangsteilnehmer zum „Fahnenappell" vor dem Gemeinschaftshaus an.

wurden den „Junkern" außerordentlich aggressive und expansionistische Positionen vermittelt – als Hinführung zu Hitlers geplantem Rassen- und Raubkrieg gegen die Völker Osteuropas, der alsbald die Erde in den Abgrund des Zweiten Weltkriegs stürzte.

Die „Junker" kamen mit eher vagen Zukunftsvorstellungen auf die „Ordensburg". Ley hatte ihnen zwar die Perspektive eröffnet, nach Abschluss der Ausbildung jede Leitungsposition im deutschen Reich übernehmen zu können; aber konkrete Zusagen für bestimmte Funktionen gab es nicht. So durfte letztlich jeder Bewerber sich selbst ausmalen, welche Zukunftsaussichten für ihn bestanden.

Parteiintern war die auf Leys „Burgen" praktizierte Art der Ausbildung umstritten. Fachleute bemängelten die Aufnahmekriterien, aber auch die vom Sport dominierte Art des Unterrichts, der letztlich allenfalls dazu angetan sei, den Lehrgangsteilnehmern einen

Der Flugplatz der „NS-Ordensburg" war nur einen Monat im Betrieb: im August 1939.

„Höhenfimmel" beizubringen, wie beispielsweise 1939 in einem parteiinternen kritischen Bericht nachzulesen war.

Der Tagesablauf auf Vogelsang wies deutliche Parallelen zur militärischen Ausbildung auf: 6 Uhr Wecken, 7 Uhr „Fahnenappell", anschließend Frühstück und Gruppenarbeit. Ab 10 Uhr folgte der Vortrag eines meist akademisch gebildeten „Hauptlehrers". Der Nachmittag stand für den Sportunterricht zur Verfügung. Dabei wurden neben diversen Wehrsportarten insbesondere auch als „elitär" geltende Beschäftigungen wie Reiten, Fliegen oder Fechten geübt. Um 22 Uhr gingen die Lichter aus.

Auf dem Unterrichtsprogramm standen bei allen Lehrgängen Reisen ins In- und Ausland. Zudem besuchten die „Junker" viele Parteiveranstaltungen, unter anderem regelmäßig die Reichsparteitage in Nürnberg. Fotografien belegen, dass ab 1937 bei den Aufzügen der

Vogelsanger Formationen ein Musikkorps marschierte, das aus 48 Berufsmusikern bestand.

Zahlreiche Parteiorganisationen nutzten die monumentale Propaganda-Kulisse Vogelsangs für Tagungen und andere Großveranstaltungen. Hitler besuchte auf der „Ordensburg" Tagungen führender Parteifunktionäre. Dem Diktator folgten seine Paladine: Joseph Goebbels, Hermann Göring, Heinrich Himmler, Rudolf Heß, um nur einige namentlich zu nennen.

Mit dem Kriegsbeginn am 1. September 1939 endete offiziell die „Ordensburg"-Ausbildung. Die „Junker" wurden zu ihren Parteidienststellen zurückgeschickt, viele gingen zur Wehrmacht, wo sie teilweise als überaus fanatisierte Soldaten in Erscheinung traten.

Mit Kriegsbeginn wurden die drei „Ordensburgen" der Wehrmacht zur Verfügung gestellt. 1940 beim Überfall auf die westlichen Nachbarländer und 1944 bei der

„Ardennenoffensive" nutzten die deutschen Militärs die Gebäude als Truppenunterkünfte.

Von 1942 bis zum Sommer 1944 waren auf Vogelsang mehrere der ab 1937 gegründeten „Adolf-Hitler-Schulen" untergebracht. Diese Schulen, deren Abschluss dem Abitur vergleichbar war, sollten nach Leys Planung eine Vorauswahl für die künftigen „Ordensburg-Junker" liefern. Der Tagesablauf und auch die Unterrichtsinhalte der „Adolf-Hitler-Schulen" waren deutlich angelehnt an die Ausbildung der „Junker" bis 1939.

Als ab 1942 verstärkt alliierte Bombenangriffe auf die Großstädte erfolgten, boten die Vogelsanger Unterkünfte und die intakten Versorgungseinrichtungen evakuierten Frauen und Kindern aus den Städten ein relativ sicheres Quartier. Viele der evakuierten Frauen brachten ihre Kinder im Vogelsanger Krankenhaus zur Welt. Daraus erwuchs bald das Gerücht, dass es auf der „Ordensburg" ein Geburtshaus des SS-Vereins „Lebensborn" gäbe. Diese Gerüchte sind jedoch unzutreffend.

Ende 1944, Anfang 1945 lag die Nordeifel im unmittelbaren Frontbereich. Die US-Truppen wollten vor dem Vorrücken an den Rhein die Eifeltalsperren unter ihre Kontrolle bringen. Damit rückte das prominente NS-Bauwerk Vogelsang ins Visier alliierter Bomber. Zwei Unterkunftsgebäude wurden zertrümmert, ebenfalls die östliche Bebauung des Adlerhofes sowie das ehemalige „Gemeinschaftshaus" mit

Hörsaal und Speisesaal. Nach schweren Kämpfen im nordwestlich gelegenen Hürtgenwald eroberten die amerikanischen Truppen am 4. Februar bei ihrem Vormarsch nach der gescheiterten deutschen Ardennenoffensive auch die kampflos aufgegebene „NS-Ordensburg Vogelsang".

Die US-Luftwaffe nutzte kurzfristig den Flugplatz am Walberhof als Nachschubflugplatz. Danach stand Vogelsang bis zum Winter 1945/46 leer. Die Bevölkerung der Region verwendete die Bauwerke buchstäblich als Steinbruch. Alle noch brauchbaren Einrichtungsgegenstände, aber auch Bauteile wie Fenster und Türen verschwanden in kürzester Zeit. Als Anfang 1946 britische Truppen in Vogelsang einrückten, fanden sie teils zertrümmerte Gebäude, teils bis auf den Rohbau ausgeplünderte Ruinen vor.

Der 1938/39 erbaute Eingangs- und Wachbereich mit der Tordurch-fahrt. Das viereckige Bauwerk in der Bildmitte ist der 1938 entstandene Kraftfahrzeughof. Luftbild von 2004.

Nationalsozialistische Rassenideologie und -Rassenpolitik

Die NS-Ordensburg Vogelsang war ein durch und durch symbolisch konstruiertes Bauwerk. So verkörperten die beiden Monumentalplastiken „Fackelträger" und „Deutscher Mensch" das nationalsozialistische Idealbild eines erneuerten, „rassisch" vollkommenen deutschen Menschen. Nach nationalsozialistischer Auffassung waren die Menschen, Völker und „Rassen" von unterschiedlichem Wert. Als wertvollste „Rasse" galt die sogenannte „arische". Unter den „arischen Völkern" waren die Deutschen angeblich das höchstwertige und damit zur Führung berechtigte „Herrenvolk". Es wurde als historische Schicksalsgemeinschaft verstanden, die durch das „Bluterbe" der Urahnen begründet wurde, durch einen Kern gemeinsamer Anlagen, der sich im „Erbstrom" der Generationen bis in die Gegenwart erhalten habe. Diese auf imaginären Annahmen beruhende Irrlehre verband sich mit Vorstellungen, die die Lebensgesetze der Natur auf die menschliche Gesellschaft übertrugen („Sozialdarwinismus"). Danach waren die Menschen, Völker und Rassen einem unaufhörlichen Überlebenskampf unterworfen. Auslese des „Guten und Starken" und „Ausmerzung" des „Schwachen und Kranken" seien Grundbedingung menschlichen Daseins. Die naturbändigenden ethischen und sozialen Anlagen des Menschen wurden als naturwidrige „Entartungserscheinungen" der „christlich-abendländischen Zivilisation" disqualifiziert.

Gemäß diesen inhumanen Überzeugungen war der „rassische" Bestand des deutschen Volkes von „außen" und „innen" bedroht: Von „außen" durch Vermischung mit „minderwertigen Rassen". Hauptfeind waren die Juden, die als parasitäre und für den Bolschewismus verantwortliche „Mischrasse" verfolgt wurden. Sie wurden über Jahre hinweg entrechtet, sozial isoliert, enteignet und schließlich in den Osten deportiert und ermordet. Die „Endlösung der Judenfrage" war der Versuch, alle europäischen Juden zu ermorden. Die „Zigeuner" erlitten ein vergleichbares Schicksal. Nach dem Angriff auf die Sowjetunion fielen Millionen Menschen, kollektiv als „slawische Untermenschen" eingestuft, dem deutschen Vernichtungskrieg zum Opfer.

Von „innen" kam die „rassische" Bedrohung nach Überzeugung der NS-Rasseideologen von Trägern „minderwertigen" Erbguts, „erblich Lebensuntüchtigen", die in vormodernen Zeiten auf natürlichem Wege aus der „Erbfolge" ausgeschieden wären. Um ihren Anteil an der „Erbmasse" des Volkes zurückzudrängen, wurden Hunderttausende durch Zwangssterilisierung an der Fortpflanzung gehindert: nicht nur tatsächlich oder vermeintlich Erbkranke, sondern auch sozial randständige Menschen. Ein weiteres Mittel waren Eheverbote. Im Krieg wurden unheilbare Pflegepatienten als „Ballastexistenzen" ermordet („Euthanasie").

Hinzu kamen Maßnahmen der positiven „Erbpflege": Zeugungskampagnen, Ehestandsdarlehen für junge Paare, Beihilfen und Auszeichnungen für Kinderreiche („Mutterkreuz") sollten den „rassisch" wertvollen Nachwuchs vermehren.

CHRONIK

Sommer 1933	Hitler fordert den Bau von „Parteischulen" zur Ausbildung von Führungspersonal, Robert Ley nimmt das Projekt in Angriff
16. März 1934	Erster Spatenstich „Schulungslager" Vogelsang
22. Sep. 1934	Grundsteinlegung „Schulungsburg"
24. April 1936	Offizielle Übergabe der drei „Ordensburgen" an Hitler
1. Mai 1936	Beginn des ersten Lehrgangs
Sep. 1939	Schließung der „Ordensburgen" und Übergabe an die Wehrmacht
Frühjahr 1940	Belegung mit Truppen
1942 – 1944	„Adolf-Hitler-Schulen" auf Vogelsang
Dez. 1944	Truppenbelegung im Zuge der „Ardennen-Offensive"
4. Feb. 1945	Besetzung durch US-Truppen, anschließend Leerstand und Plünderung
Winter 1945/46	Belegung durch britische Truppen
August 1946	Ankündigung der Räumung des Ortes Wollseifen zum 1. September
1. Sep. 1946	Beschlagnahme von 42 Quadratkilometern Fläche für das „Camp Vogelsang" durch die britische Besatzung
1. April 1950	Übergabe des Truppenübungsplatzes an die belgische Armee
Mitte der 1980er Jahre	Widerstand gegen die militärische Nutzung formiert sich
1997	Der Petitionsausschuss des Bundestages fordert die zivile Nutzung des Areals
30. März 2001	Die belgischen Streitkräfte kündigen die Rückgabe des Areals an die Bundesrepublik an
1. Januar 2004	Gründung des Nationalparks Eifel
Herbst 2004	Letzte Militärübungen im Camp
2005	Vorbereitung der Rückgabe der Immobilie und des Schießplatzes durch die Belgier
31. Dez. 2005 Mitternacht	Ende der militärischen Nutzung
1. Januar 2006	Öffnung Vogelsangs, Einrichtung des „Forum" als provisorische Besucheranlaufstelle, Angebote zu begleiteten Rundwegen, Beginn der Realisierung der vorgesehenen zivilen Nutzungen. Voraussichtliche Dauer: bis nach 2010.

Die Briten entschieden 1946, die NS-Propagandaarchitektur in der Eifel nicht zu sprengen, sondern sie für eigene militärische Zwecke zu nutzen. Durch die Einbindung in ein militärisches Sperrgebiet verschwand Vogelsang damit für Jahrzehnte aus dem Blickfeld der Deutschen.

ABRISS ODER NUTZUNG?

Bei der für die Nordeifel zuständigen britischen Besatzungsverwaltung entbrannte bereits 1945 eine intensive Diskussion zu der Frage, wie mit propagandistisch bedeutsamen Bauwerken des „Dritten Reichs" umzugehen sei. Anfangs ging die Stimmung mehrheitlich in Richtung einer radikalen Lösung, die sich in dem Votum eines britischen Offiziers auf den Punkt bringen lässt: „Blow it up!" Noch im

Manöver bei Wollseifen.

Frühjahr 1946 diskutierten die Briten auch mit den inzwischen wieder errichteten deutschen Dienststellen über die Frage, was

konkret mit dem NS-Bauwerk Vogelsang geschehen sollte. Noch aus dem September 1946 datiert ein Schreiben der britischen Militärverwaltung in Berlin, wonach Vogelsang abgerissen und das so gewonnene Baumaterial zum Wiederaufbau der medizinischen Fakultät der Universität Bonn verwendet werden sollte.

Die Rheinarmee schuf derweil jedoch Fakten, die die politische Diskussion überholten. Zum 1. September 1946 beschlagnahmten die Militärs eine Fläche von rund 42 Quadratkilometern rund um Vogelsang als Übungsplatz für ihre eigenen Truppen. Weitere 26 Quadratkilometer im südlichen Vorland des neuen Sperrgebietes wurden als „Aufmarschgebiet" requiriert. Dort durfte nicht mit scharfer Munition geschossen werden, ansonsten hatten die Manövertruppen nahezu alle Rechte, die sie auch im eigentlichen „Camp Vogelsang" genossen.

Im Sperrgebiet lag das 550-Seelen-Dorf Wollseifen, dessen Bewohner innerhalb weniger Wochen ihre Heimat räumen mussten. Die Bewohner der Dörfer im angrenzenden Aufmarschgebiet durften bleiben, sie erlebten jedoch über mehrere Jahrzehnte hin infolge der Militärübungen erhebliche Beeinträchtigungen. Bis zum Bau einer im Sperrgebiet liegenden internen Panzerstraße im Jahr 1975 schleppten die Militärkolonnen Berge von Schmutz aus dem Schießplatz auf die öffentlichen Straßen und in die Orte. Diese und andere Belästigungen waren vielfach Anlass politischer Proteste. Angesichts der realen Machtverhältnisse im besetzten Nachkriegsdeutschland verpufften die Eingaben der regionalen Politik jedoch ergebnislos.

Die Landwirtschaft auf dem Plateau zwischen Vogelsang und der belgischen Staatsgrenze wurde durch die Beschlagnahme massiv geschädigt. Bestes Acker- und

Weideland ging verloren. Erst Ende der 60er, Anfang der 70er Jahre wurden die enteigneten Landwirte für ihre Verluste entschädigt. Damit kam der Bund in den Besitz des größten Teils der Fläche des Truppenübungsplatzes. Der beschlagnahmte Bereich des Kermeter-Waldes nördlich der Urfttalsperre verblieb im Besitz des Landes Nordrhein-Westfalen. Auch der Urftsee selbst, Teil einer Landschaft von herausragender Schönheit, lag nun im Sperrgebiet. Damit verloren die benachbarten Orte, insbesondere die Stadt Gemünd, eine bedeutsame Sehenswürdigkeit. ■

Die alte Wache am Eingangsbereich mit der Tordurchfahrt.

Das 1937 erbaute Hallenbad mit dem Schwimmer-Mosaik an der Stirnseite wurde bis zum Jahre 2005 teilweise auch von Schulen und Vereinen genutzt.
Foto: Georg Schmitz

„Camp Vogelsang"

Nachdem die Briten ab 1946 Besitz von der ehemaligen „NS-Ordensburg" ergriffen hatten, gingen sie mit der „Entnazifizierung" des nun selbst genutzten Bauwerks recht pragmatisch um. Sie entfernten die Symbole und Hoheitsabzeichen des „Dritten Reichs".

Bis 1950 beschränkten sich die Briten auf eher kleinere Baumaßnahmen, die deutlich geprägt waren von den Zielen der militärischen Nutzung. Mit Ausnahme der beiden durch Bomben total zerstörten ehemaligen „Kameradschaftshäuser" wurden alle anderen Unterkünfte als Truppenschlafräume weiter genutzt. Die ehemalige Burgschänke diente als Kantine. Das frühere „Gemeinschaftshaus" unmittelbar am Turm war derart beschädigt, dass die Briten das Gebäude bis auf die Kellerdecke abtrugen und darauf zunächst ein Flachdach-Bauwerk als Truppenkino errichteten. Die Kommandantur bezog Räume in den erhaltenen Gebäuden des ehemaligen Burghofs. Deren zerstörter Ostflügel wurde allerdings nicht mehr neu gebaut.

1950 übergab die britische Militärregierung den südlichen Teil ihrer Besatzungszone an die belgischen Verbündeten. Zum 1. April 1950 übernahmen die Truppen des Königreichs Belgien auch das „Camp Vogelsang" von den Briten. Alsbald legte die Kommandantur ein umfangreiches Bauprogramm auf. Die Gebäude wurden möglichst im Sinne der ursprünglichen Nutzung weiter verwendet. Einschneidende Umbauten erübrigten sich dadurch in der Regel. Insgesamt hat die belgische Kommandantur das Bau-Ensemble Vogelsang, das 1989 unter Denkmalschutz gestellt wurde, vorbildlich erhalten. Einige Beispiele mögen dies deutlich machen:

Am ehemaligen „Gemeinschafts-haus" fehlte die Original-Bebauung oberhalb der Kellerdecke vollständig. Stattdessen stand dort ein von den Briten errichtetes Flachdachgebäude, das als Kino diente. Die Belgier schleiften das „Cinema" und errichteten dort, unter teilweiser Rekonstruktion der früheren Architektur, eingeschossig einen Neubau, der etwas schmaler ausgeführt wurde als das ursprüngliche Gebäude. Früher war das „Gemeinschafts-haus" zweigeschossig gewesen. Durch die niedrigere, aber schmalere Rekonstruktion ergab sich eine „stimmige" Optik. Die Kommandantur nutzte den neuen Raum als Speisesaal für die Truppen.

Bei der Suche nach einem neuen Kino-Standort stießen die Belgier

Der stürzende Adler über dem Kampfpanzer im Eichenkranz stand mehr als 50 Jahre lang symbolisch für das „Camp Vogelsang"

linke Seite:
Wie kaum eine andere der auf Vogelsang erhaltenen Bauplastiken aus der NS-Zeit eignet sich der „Fackelträger" heute zur Auseinandersetzung mit den Themen „Propaganda" und „Indoktrination" im „Dritten Reich".

23

Jahrzehntelang gab es im Camp Kampfübungen gemischter gepanzerter Verbände.
Foto: Georg Schmitz

auf einen Rohbau aus der NS-Zeit im Bereich der nie fertig gestellten Vogelsanger „Mitte": den Neubau des Hörsaals, der weit mehr als tausend Sitzplätze haben sollte. Die Stufenkonstruktion des „Audimax" war ab 1940 in Beton gegossen worden. Was lag näher, als dieses Gebäude fertig zu stellen und dort das Kino mit zunächst 1.100 Sitzplätzen einzurichten?

Auf den Grundmauern und bereits fertigen Teilen des Kellers des „Haus des Wissens" entstand in den 50er Jahren eine Kaserne mit der Bezeichnung „Van Dooren". So hieß der erste belgische Offizier, der im Zweiten Weltkrieg getötet wurde. Auf den ab 1939 geplanten Sportflächen entlang der Zufahrt sowie westlich der „Mitte" Vogelsangs entstanden ein Barackenlager und eine Hindernisbahn.

Bezeichnend für den Umgang der Belgier mit dem Denkmal, das als solches erst Ende der 80er Jahre durch die Kölner Bezirksregierung ausgewiesen wurde, war die Nutzung des ehemaligen „Kultraums".

Dieser sehr schmale und sehr hohe Raum im Turm bot sich geradezu für die militärische Nutzung als Kletterraum an. An die Wand wurden Klettergriffe geschraubt, an der Decke Haken zur Befestigung von Kletterseilen verankert. Aus der Wand ragten als gefährliche Hindernisse beim Klettern jedoch drei massive Eichenbalken, auf denen ehemals die Plastik „Der deutsche Mensch" gestanden hatte. Die Belgier begnügten sich damit, das Hindernis in dicke Schaumstoffmatten einzuwickeln, um so die Verletzungsgefahr für die Sportler zu mindern. Es ist ein Zeichen für die Sensibilität der Nutzer gegenüber dem Gebäude, dass sie die Balken nicht absägten.

Die frühere Burgschänke, das Schwimmbad und die Sportanlagen nutzte die Kommandantur im ursprünglichen Sinne weiter. Die ehemalige „Wandelhalle", also der westliche „Burg"-Flügel, wurde im Obergeschoss zur Seeseite hin zugemauert. Eine Nutzung als

Immer wieder besuchten in der Vergangenheit prominente Politiker und Staatsmänner die Manövertruppen im Camp. Darunter im Jahr 2004 auch der belgische Prinz Philippe (rechts im Bild).

Fast 40 spezialisierte Übungsstände gab es im Truppenübungsplatz, darunter auch einen Sprengplatz.
Foto: Gudrun Klinkhammer

Aussichtspunkt in die Landschaft machte aus Sicht der Militärs keinen Sinn, aber Räume für Büros der Kommandantur, für einen „Kartensaal" sowie für einen Fest- und Ausstellungsraum wurden benötigt.

Darüber hinaus entstanden in der Zeit des Truppenübungsplatzes diverse militärische Zweckbauten, wie beispielsweise Panzerhallen, Depots und – in den 80er Jahren – ein in Ziegelsteinbauweise errichtetes Bauwerk zum Training der Abwehr atomarer, biologischer und chemischer Bedrohungen.

In den ersten Jahren nutzten ausschließlich belgische Soldaten den Truppenübungsplatz. Später übten dort die Truppen nahezu aller NATO-Staaten. Vorwiegend kamen – neben den Belgiern – Niederländer und Briten, zeitweilig auch die Bundeswehr. Unter Einbeziehung von Baracken- und Zeltlagern konnten auf Vogelsang maximal 4.500 Manöversoldaten untergebracht werden. Sie trainierten bis Anfang der 90er Jahre das klassische Szenario des „Kalten Krieges": den

Einsatz gemischter gepanzerter Verbände. Vogelsang bot den Militärs nicht nur die nötigen Flächen zur Entfaltung eines Gefechtsszenarios, sondern darüber hinaus eine Fülle an spezialisierten Übungsplätzen.

Der Urftsee stellte am nördlichen Ufer mit den steil aufragenden Hängen des Kermeters einen natürlichen Kugelfang für das Scharfschießen dar. In anderen Bereichen konnte mit Laser das scharfe Schießen simuliert werden, wieder anderswo lagen Handgranaten-Übungsstände, Gewehr-Schießbahnen und ähnliches mehr.

Mit dem grundlegenden Wandel in der Weltpolitik zu Beginn der 90er Jahre, der Auflösung des Warschauer Paktes und der nachfolgenden raschen Entwicklung ethnischer und religiöser Konflikte veränderte sich das Übungsszenario drastisch. Nunmehr stand „Peace-Keeping" im Vordergrund. Viele Manöversoldaten trainierten in der Nordeifel für den Einsatz beispielsweise auf dem Balkan.

Im Schatten der militärischen Nutzung konnte sich im Sperrgebiet die Natur in weiten Teilen frei entfalten. Dort entstand die Keimzelle des heutigen Nationalparks.

WIDERSTAND AUS DER REGION

Vogelsang war seit seinem Bestehen ein bedeutsamer Arbeitgeber in der strukturschwachen Region. Der Truppenübungsplatz beschäftigte in Spitzenzeiten bis zu 400 Personen, in den 90er Jahren immerhin noch mehr als 200. Dieser begrüßenswerte Aspekt machte allerdings die seit Mitte der 80er Jahre beginnende Diskussion über ein Ende der militärischen Nutzung Vogelsangs zu einem emotionsbeladenen Thema. Die Zivilbediensteten fürchteten, dass sie im Falle einer Konversion ihre Arbeitsplätze verlieren würden. Ende der 80er Jahre bekamen die Befürworter der „Konversion", also der Umwandlung in eine zivile Folgenutzung der Militär-Liegenschaft, überraschend Rückenwind. In Gemünd war ein rapider Rückgang

des Fremdenverkehrs spürbar geworden, Handel und Wandel litten erheblich darunter. Die Schuld daran wurde den Belästigungen durch den Truppenübungsplatz zugewiesen: Panzer ratterten durch das Kurgebiet, das Geknatter von Maschinengewehrsalven und anderen Infanteriewaffen störte Bürger und Kurgäste gleichermaßen.

Überraschend kündigte Brüssel erstmals im Januar 1990 an, dass untersucht würde, ob die belgischen Streitkräfte ganz aus Deutschland abgezogen werden könnten. Diese Botschaft beflügelte die Befürworter der Konversion ganz erheblich. Alsbald änderte auch die Stadt Schleiden ihre Position und forderte das Ende der militärischen Nutzung. Politiker und Bürger engagierten sich in einer „Arbeitsgemeinschaft

Ziviles Vogelsang", die alsbald eine Petition mit dem Ziel der Konversion an den deutschen Bundestag richtete. Ende 1997 kam endlich der Petitionsausschuss zur Sache. Im Kern schloss er sich – ebenso wie später der Bundestag – der Forderung an, den Truppenübungsplatz innerhalb von fünf Jahren aufzulösen.

Schließlich waren es jedoch die belgischen Militärs selbst, die den Weg für die Konversion frei machten. Am Freitag, 30. März 2001, teilte das Brüsseler Verteidigungsministerium mit, dass die belgischen Streitkräfte Deutschland verlassen würden. Auch der Truppenübungsplatz Vogelsang könne daher an die Bundesrepublik zurückgegeben werden. Diese Botschaft löste bei der überwiegenden Mehrheit der Bevölkerung in der Region Jubel aus.

Im Herbst 2004 fiel der letzte Schuss im Sperrgebiet. Das Jahr 2005 nutzten die Militärs für die Vorbereitung der Rückgabe des Geländes. Silvester 2005, als das Feuerwerk das neue Jahr begrüßte, endete offiziell die militärische Nutzung des Truppenübungsplatzes und damit eine über Jahrzehnte schmerzhaft nachwirkende Kriegsfolge für die Nordeifel. Seit Neujahr 2006 ist Vogelsang nun erstmals seit dem Baubeginn 1934 für die Öffentlichkeit zugänglich. ■

1. Januar 2006: Die Schranke hebt sich, Vogelsang ist offen.

ZUKUNFT IM NATIONALPARK EIFEL

Der Urftsee zählt zu den schönsten Stauseen Deutschlands. Das unterhalb Vogelsangs gelegene Gewässer ist umgeben von ausgedehnten Wäldern.

Kaum war klar, dass die Ära der Militärs auf Vogelsang bald Vergangenheit sein würde, da gab es eine Fülle von Vorschlägen zur konkreten Ausgestaltung der Konversion. Wobei allen Beteiligten von Anfang an bewusst war, dass man dort ein sehr schwieriges Erbe antreten würde. Über Vogelsang lagen nach wie vor die langen Schatten seiner NS-Vergangenheit. Im Februar 2002 wurden erstmals Pläne der Düsseldorfer Landesregierung bekannt, Vogelsang zum Mittelpunkt und Herzstück des ersten Nationalparks des Landes Nordrhein-Westfalen zu

entwickeln. Die Idee des Nationalparks stieß in der Region auf ein gewaltiges Echo. Die Vorstellung, dass auf einer Gesamtfläche von rund 113 Quadratkilometern die Natur absoluten Vorrang vor allen anderen Begehrlichkeiten haben sollte, faszinierte die Menschen. Da Nationalparke immer auch touristisch erlebbar sein sollen, erhoffte sich die Region durch die Errichtung des Großschutzgebietes zwischen Nideggen im Norden und der belgischen Staatsgrenze im Süden eine erhebliche Steigerung des Fremdenverkehrs.

Große Infoblöcke informieren im Besucherzentrum über die auf Vogelsang geplanten drei Ausstellungen und die neue Dachmarke „vogelsang ip".

Innerhalb kürzester Zeit gelang es, einen regionalen Konsens bezüglich des Nationalparks herzustellen. Wesentlichen Anteil daran hatte auch der frühzeitig gegründete Förderverein Nationalpark Eifel, der sich als breite Bürgerbewegung mit mehr als 800 Mitgliedern für das Schutzgebiet engagierte. Bereits zum 1. Januar 2004 konnte der Nationalpark per Erlass der Landesregierung gegründet werden. Da das militärische Sperrgebiet Vogelsang vorerst noch weiter bestand, gelten dort die Regelungen der Nationalpark-Verordnung erst seit dem 1. Januar 2006. Inzwischen bildet der ehemalige Schießplatz das Zentrum des Schutzgebietes. Im Schatten der militärischen Nutzung konnte sich die Natur dort teilweise bereits seit Jahrzehnten weitgehend

frei entfalten. Seit 2006 ist das Gelände auf festgelegten Wegen frei begehbar. Allerdings gilt ein Wegegebot, welches auf jeden Fall eingehalten werden sollte. Abseits der markierten Pfade ist nach nahezu sechs Jahrzehnten andauernder militärischer Nutzung potenziell überall mit Munitionsgefahren zu rechnen.

Während also die Zukunft der Truppenübungsplatz-Fläche relativ schnell geklärt werden konnte, braucht die Planung für die künftige Nutzung der ehemaligen „NS-Ordensburg" mehr Zeit. Zunächst stand die politische Meinungsbildung an. Für die Region war bald klar, dass Vogelsang und der Nationalpark gemeinsam eine herausragende Entwicklungs-Chance für die gesamte Nordeifel sein würden.

*Das „Forum"
am ehemaligen
„Adlerhof" befindet
sich unmittelbar
neben dem Turm.*

Museumspraktiker angehören, entwickelte ein Konzept für zwei historische Ausstellungen: Neben einer NS-Dokumentation soll es auf Vogelsang demnächst eine museal angelegte regionalgeschichtliche Ausstellung geben. Für die NS-Dokumentation legte der Beirat einen detaillierten Plan für eine der Geschichte des Ortes angemessene Dokumentation vor. Schwerpunkte werden darin die Themen „Schulung, Indoktrination und Rassenformung im Nationalsozialismus" bilden.

Eine Machbarkeitsstudie bestätigte, dass – unter der Voraussetzung einer kräftigen öffentlichen Startfinanzierung – die Immobilie Vogelsang tatsächlich zu einem zukunftsträchtigen Projekt entwickelt werden könne.

Folgende Nutzungen sind vorgesehen, die in den nächsten Jahren Zug um Zug realisiert werden sollen: Nationalpark-Zentrum mit einem Ausstellungsbereich, Standort der Nationalparkverwaltung, eine NS-Dokumentation und eine Ausstellung zur Geschichte der Eifel. In den ehemaligen Unterkunftsgebäuden soll unter dem Dach des Deutschen Jugendherbergswerks ein „Europazentrum für Jugend und

Daher plädierte die Region dafür, das Ensemble zu nutzen und zu erhalten. In der Landespolitik war das anfangs durchaus nicht klar. So wurde – wohl auch vor dem Hintergrund der leeren öffentlichen Kassen – die Forderung erhoben, das denkmalgeschützte Ensemble verfallen zu lassen. Inzwischen besteht über alle politischen Ebenen hinweg Konsens, zumindest das unter Denkmalschutz stehende, 50.000 Quadratmeter Gebäudefläche umfassende Ensemble zu erhalten.

Bereits im Jahr 2003 berief der mit der Vorbereitung der Konversion beauftragte Landrat des Kreises Euskirchen einen „Wissenschaftlichen Beirat" unter Leitung des Historikers Dr. Volker Dahm. Dieses Fachgremium, dem unter anderem renommierte Zeitgeschichtler und

*Neujahrsempfang
2006 im ehemaligen
Truppenkino.*

Zukunft" entstehen – eine auf Vogelsang thematisch zugeschnittene Jugendherberge mit einem umfangreichen pädagogischen Angebot. Zudem ist angesichts der zu erwartenden Besucherzahlen eine angemessene Gastronomie erforderlich.

Da mit der Realisierung dieser und weiterer Angebote erst nach der Rückgabe Vogelsangs zum 1. Januar 2006 begonnen werden konnte, wird es einige Jahre dauern, bis das Konzept tatsächlich Wirklichkeit sein wird. Vorher sind noch viele offene Fragen zu klären: zur Übergabe des Grundstücks vom Bund an einen neuen Eigentümer; zur Trägerschaft einzelner Einrichtungen und zur Finanzierung der Projekte.

Im Mai 2005 gründete sich eine „Standort-Entwicklungsgesellschaft Vogelsang" (SEV). Aufgabe der SEV ist die Vorbereitung der Übergabe des Eigentums und die Organisation der Folgenutzungen. Trotz der zeitlichen Enge – erst ab Mitte Dezember 2005 waren die vorbereitenden Arbeiten auf Vogelsang möglich – gelang es der SEV, bis zur Öffnung Vogelsangs ein erstes Besucherangebot aufzubauen. Parkplätze waren ebenso auszuschildern wie Rundgänge, Informationsangebote wurden entwickelt und in der Nähe des Adlerhofes entstand ein erstes, noch provisorisches „Besucher Forum". Dort gibt es allgemeine Informationen, Broschüren und Literatur zum Nationalpark und zu Vogelsang sowie eine kleine, vorläufige Ausstellung. Während der Öffnungszeiten ist der Info-Counter personell besetzt, eine Gastronomie

und Sanitäreinrichtungen runden das vorläufige Angebot ab. Die SEV hat Referentinnen und Referenten ausgebildet, die gegen eine Gebühr von 3 Euro pro Teilnehmer (Kinder bis 12 Jahre frei) Einzelbesuchern geführte Rundgänge durch das Gelände sowie einige markante Bauwerke auch von innen anbieten. Sie beginnen werktags um 14 Uhr und sonn- und feiertags um 11 und 14 Uhr am „Forum". Nach Voranmeldungen werden auch zu anderen Zeiten Führungen für Gruppen, Schulklassen oder Vereine sowie zu speziellen Themenschwerpunkten zwischen 45 Minuten und 2½ Stunden Länge organisiert. Es entspricht der Internationalität Vogelsangs, dass es auch Führungen in französischer, niederländischer und englischer Sprache gibt.

Anmeldung bei der Serviceagentur +49-(0)2444 91 57 90 oder info@vogelsang-ip.de

Natürlich kann man auch auf eigene Faust Vogelsang auf den markierten Rundwegen erkunden. ■

In den ersten Monaten präsentierte sich die Besucherinformation im „Forum" noch recht provisorisch. Das Angebot wurde jedoch Zug um Zug ausgeweitet.

Talsperre bei Heimbach (Eifel).   Inhalt 45½ Mill. cbm.   Mauerhöhe 58 m.   Wassertiefe 52 m.

Ein beliebtes Ausflugsziel war die Urfttalsperre seit ihrer Fertigstellung im Jahr 1905.

URFTSEE

„Königssee der Eifel", „Perle der Nordeifel": Mit solchen Attributen wurde die Urfttalsperre bei Gemünd bald nach dem Bau der Staumauer vor gut hundert Jahren mit Recht belegt. In scharfen Windungen schlängelt sich der Stau des Urftbaches durch ein tief eingeschnittenes Tal. Beiderseits erheben sich markante, steile Felsformationen. Bis heute gilt der Stausee als die schönste Talsperre der Region. Das Gewässer wird erschlossen durch die „Kreisstraße 7", eine als Fuß- und Radweg gut nutzbare Verbindung zwischen Gemünd und der Staumauer.

Diese älteste der Eifeltalsperren entstand zwischen 1899 und 1904, ein Jahr später gab es nach einer Testphase die endgültige Betriebserlaubnis für die damals größte Talsperre Europas.

Für den Bau der 58 Meter hohen Staumauer wurde eigens eine Baubahn von Gemünd aus bis weit ins untere Urfttal verlegt. Mit der Errichtung des Damms, den der Aachener Professor Otto Intze konzipiert hatte, ging der Bau eines 2,8 Kilometer langen Stollens durch den nördlich gelegenen KermeterBerg ins Tal der Rur einher. Am anderen Ende entstand bei dem Dorf Hasenfeld ein Wasserkraftwerk, das den Höhenunterschied zwischen Urft- und Rurtal nutzte. So diente der Urftstau nicht nur dem Hochwasserschutz der unterhalb gelegenen Orte sowie der geregelten Wasserabgabe in der niederschlagsarmen Zeit für die Industrie im Großraum Düren, sondern gleichzeitig auch der Produktion von elektrischem Strom. Dank der Urfttalsperre und ihrer „Kraftzentrale" in

Der Urftsee-Uferweg ist besonders beliebt bei Radfahrern, weil er die grandiose Ur-Natur der Flussaue und den See bis zur Staumauer ohne Anstieg erschließt.

Hasenfeld ging buchstäblich vielen Eifelern „ein Licht auf". Während in den Großstädten noch die Petroleum-Funzeln vor sich hin rußten, verstrahlten in der Nordeifel elektrische Glühbirnen ihr Licht in den Bauernhäusern.

Von Anfang an wurde der Urftsee zum Publikumsmagneten, der die Touristen aus dem In- und Ausland in Scharen anzog. Besonders die Stadt Gemünd profitierte von diesem Boom, aber auch die anderen Orte im Umfeld.

Auf dem See fuhren Linienschiffe, hinzu kamen Fischerkähne und Sportboote. An den Ufern entfaltete sich eine florierende Gastronomie, aber auch Zeltplätze und teilweise größere Wochenendhaus-Bereiche entstanden. Der Bau Vogelsangs beflügelte den Urftsee-Tourismus weiter. Ab 1946 lag der Stausee bis Ende 2005 vollständig im militärischen Sperrgebiet des Truppenübungsplatzes. Damit verlor

speziell Gemünd eine touristische Hauptattraktion. Ein zwischenzeitlich von den Militärs gestatteter Linienschiff-Verkehr an den Sonntagen wurde eingestellt, da der Zugang sehr mühselig war.

Erst seit 1999 war die Uferstraße von Gemünd zur Staumauer und weiter nach Rurberg an Wochenenden und Feiertagen für die Bevölkerung zugänglich. Mit dem Wegfall des Sperrgebietes kann der Urftsee seit 2006 wieder jederzeit besichtigt werden. Dort hat sich im Schutz der militärischen Absperrung über rund 60 Jahre eine ursprünglich anmutende Natur entfalten können, wie man sie ansonsten im Nationalpark-Gebiet erst in einigen Jahrzehnten vorfinden wird. Unter anderem gibt es am Seeuferweg die landesweit größte Besiedlung von Mauereidechsen. Auf dem See brüten seltene Haubentaucher und viele andere gefährdete Arten. ■

RUNDGANG

Am ehemaligen „Adlerhof" beginnen die von Referenten begleiteten Gruppenführungen auf Vogelsang.

Die meisten Besucher dürften wohl mit dem Wagen anreisen, obwohl Vogelsang auch gut mit Bus und Bahn erreichbar ist (*siehe Service-Seite 46*). Die Pkw-Zufahrt erfolgt über die Bundesstraße 266, die von der Autobahnanschlussstelle Wisskirchen (Abfahrt 111) der A 1 über Kommern und Gemünd in Richtung Aachen führt. Hinter Gemünd steigt die Straße steil auf und erreicht bei dem kleinen Doppel-Ort Herhahn-Morsbach die Hochebene. Knapp einen Kilometer hinter Morsbach zweigt rechts die Zufahrt nach Vogelsang ab. Linker Hand erkennt man bereits vorher die Fläche des ehemaligen Flughafens Vogelsang. Rechts der heutigen Bundesstraße sollte nach den ursprünglichen Planungen in den 1940er Jahren das Hotel mit 2.000 Betten entstehen.

Kurz hinter der Abzweigung nach Vogelsang erreicht man die ehemalige Wache des Truppenübungsplatzes. Hier ist für jedes motorisierte Fahrzeug die Parkgebühr von drei Euro zu entrichten. Man folgt der gut ausgeschilderten, sehr breiten Zufahrt. Nach etwa 800 Metern tauchen links – hinter Büschen und Bäumen etwas verborgen – die Baracken des Militärlagers „Schelde" auf. Sie stehen auf den Flächen, auf denen zur Zeit des Nationalsozialismus die größten Sportanlagen Europas entstehen sollten.

Rund 1.500 Meter hinter der Einfahrt erreichen die Besucher die ehemalige Wache der „NS-Ordensburg". Hier beginnt das denkmalgeschützte Bauensemble mit einem 1938/39 errichteten großzügigen hufeisenförmigen Eingangshof vor dem eigentlichen Torgebäude. Der

Der von links nach rechts reitende Mann stellt einen „NS-Ordensjunker" dar, der in der Gegenrichtung reitende Schwertträger einen mittelalterlichen Ordensritter. Beide Reliefs am Eingangsbereich waren Bestandteil der erlogenen Tradition, die der Nationalsozialismus zwischen dem NS-Staat und dem mittelalterlichen Deutschen Ritterorden zu knüpfen suchte.

Bereich ist architektonisch angelehnt an das Tor zum Berliner Olympia-Stadion, das „Olympische Tor" von Werner March. Die beiden Türme, die das Ensemble flankieren, zeigen Reliefs eines mittelalterlichen Ritters und eines idealisierten „Ordensburg-Junkers". Die Säulen in der Tordurchfahrt wurden nachträglich eingestellt, um den monumentalen Eindruck zu verstärken. In diesem Eingangsbereich waren ursprünglich neben der von der SS gestellten Wache auch eine eigene Poststation und eine Bankfiliale untergebracht. Die Belgier errichteten im rechten Flügel in den 50er Jahren eine Kapelle.

Nach dem Passieren der Tordurchfahrt erkennt man rechts die Einfahrt zum Innenhof eines quadratischen Gebäudes. Dabei handelt es sich um den in der NS-Zeit errichteten Kraftfahrzeughof, der auch von den Belgiern in diesem Sinne weiter genutzt wurde. Voraus öffnet sich das Plateau, welches Anfang der 1940er Jahre bereits geebnet war, um die eigentliche Mitte Vogelsangs aufzunehmen: das „Haus des Wissens" mit seinen Nebengebäuden. Hier biegt man links ab auf den ehemaligen Panzerabstellplatz, den derzeitigen provisorischen Besucher-Parkplatz. Er bildet den Startpunkt des etwa 1,3 Kilometer langen Plateau-Rundweges. Am Parkplatz befindet sich ein Info-Punkt, der über die Vogelsang-Angebote und die Besucherordnung auf dem Gelände informiert.

Südlich des Parkplatzes erkennt man etwa einen Kilometer entfernt einen Kirchturm und einige wenige Bauwerke auf einer Anhöhe. Dabei

Die Kaserne „Van Dooren" entstand in den 50er Jahren auf Grundmauern des „Haus des Wissens".

der Längsachse des Ensembles. Dabei passieren wir drei große Hallen, die in der Nachkriegszeit als Garagen für den militärischen Fuhrpark und als Panzerwerkstätten gebaut wurden. Wenige Meter weiter erscheint linker Hand in einer künstlichen Geländesenke ein Gebäude, das die Belgier wegen seiner seltsam anmutenden Tieflage als „Krypta" bezeichneten. Dieses Bauwerk nutzten die Militärs als großes Truppenkino, dessen Interieur aus den 50er Jahren vollständig erhalten ist. Mit dieser Begründung wurde die „Krypta" 2004 in die Denkmalliste aufgenommen. Mit dem Rohbau für dieses Gebäude war bereits ab 1940 begonnen worden. Dort sollte der neue Hörsaal der „Ordensburg" in einem Nebengebäude des „Haus des Wissens" entstehen. Man bekommt eine ungefähre Vorstellung von der Dimension des „Haus des Wissens", wenn man die neben dem Kino stehende Kaserne „Van Dooren" und das Kino aus größerer

handelt es sich um die Überreste des ehemaligen Dorfes Wollseifen, dessen Bewohner 1946 dem Schießplatz weichen mussten. Ein Blick vom Panzerparkplatz an der südlichen Hangkante abwärts fällt auf ein großes Oval, auf dem ein Stadion als „Haus des Sports" entstehen sollte. Diese bereits 1941 teilweise planierte Fläche nutzten die Militärs später für den Bau einer Hindernisbahn.

Wir folgen nun in nördlicher Richtung dem markierten Weg in

Dieses Luftbild aus dem Jahr 2004 zeigt die Reste des ehemaligen Dorfes Wollseifen vor der Kulisse Vogelsangs.
Foto: Georg Schmitz

Entfernung von der Tordurchfahrt her betrachtet. Der „Koloss von Vogelsang" hätte von „Van Dooren" bis zu den späteren Panzerparkplätzen gereicht: ein Bauwerk von wahrlich monströsen Ausmaßen.

Wir folgen weiter dem markierten Rundweg, lassen „Van Dooren" hinter uns und erreichen unmittelbar dahinter das erste Bauwerk der eigentlichen „Burg": die Schänke. Sie steht auf einem künstlich aufgeschütteten Erdhügel, der erforderlich war, um die Flügel der „Burg" auf gleichem Höhenniveau errichten zu können. Die Schänke mit 500 Sitzplätzen ist eines von zwei Vogelsanger Bauwerken, die auch innen weitgehend original erhalten sind. Das zweite Bauwerk ist das Hallenbad.

Nach Passieren der Schänke erreichen wir den zentralen Burghof, den „Adlerhof", der ab 1937 diesen

Namen wegen zweier dort aufgestellter großer Adlerplastiken erhielt. Fragmente sind am östlichen Rand des Platzes noch zu sehen. Der westliche Adlerhof-Trakt ist vollständig erhalten, während der im Krieg zerstörte Ostteil nicht wieder aufgebaut wurde. Wir überqueren den Adlerhof bis zum jenseits gelegenen Überrest der ehemaligen „Wandelhalle". Hier öffnet sich uns ein wahrlich atemberaubender Anblick: Tief unten windet sich in engen Biegungen der Urftstausee, dahinter erheben sich majestätisch die bis zum Horizont reichenden Waldflächen des Kermeter. Am Hang erkennt man ganz unten die Sportanlagen und das Halbrund der Freilichtbühne, darüber die acht erhaltenen Unterkunftsgebäude. Unmittelbar unterhalb der „Wandelhalle" sieht man den ehemaligen Appellplatz.

Blick in das Truppenkino, welches die Belgier in den 50er Jahren im Rohbau des neuen großen Hörsaales bauten.

Die ehemalige Burgschänke, von der Seeseite her betrachtet.

Nach links erkennt man das in den 1950er Jahren zugemauerte Obergeschoss der „Wandelhalle".

Rechter Hand sieht man das eigentliche Hauptgebäude der „Burg" mit dem Turm und dem daran anschließenden ehemaligen Gemeinschaftshaus. Es wurde im Krieg so zerstört, dass es bis auf die Ebene des „Adlerhofes", also bis zur Kellerdecke, vollständig abgerissen werden musste. Die Belgier rekonstruierten das ursprünglich zweige-schossige Gebäude nur eingeschos-sig, aber deutlich schmaler. Zudem lehnten sich die belgischen Bauherren architektonisch eng an das Vorbild aus der NS-Zeit an. Das Erdgeschoss des Ostflügels wurde durchgängig als Speisesaal genutzt. Jetzt findet man dort das vorläufige Forum mit Info-Counter, Ausstellung, Seminarraum, Cafeteria und Sanitäreinrichtungen. Hier soll später die große Nationalpark-Ausstellung entstehen.

Das Adlerrelief befindet sich bis heute an der Stützmauer oberhalb des ehemaligen Appellplatzes.

Im Turm befindet sich bis heute – architektonisch weitgehend unverändert – der ehemalige „Kultraum" der „Ordensburg". Er kann ausschließlich im Rahmen geführter Rundgänge besichtigt werden. Die SEV ist ebenfalls bestrebt, für kleine Besuchergruppen das Besteigen des Turms zu ermöglichen. Von der Spitze aus hat man einen besonders schönen Blick in das Nationalparkgebiet.

Das weitgehend verglaste Verbindungsgebäude zwischen Ostflügel und angrenzendem Wirtschaftstrakt wurde bis 2005 als Küche genutzt.

Am „Adlerhof" beginnt der zweite, etwa 1,2 Kilometer lange Rundgang, der den Besuchern die am Urfthang gelegenen Bauwerke erschließt. Wichtiger Hinweis: Wegen der Steillage ist dieser Weg für Menschen mit eingeschränkter Bewegungsfähigkeit nur schwierig zu bewältigen. Dieser Rundgang, für den man rund eine Stunde einkalkulieren sollte, bietet einige aufschlussreiche Eindrücke zu der Frage, wie Propaganda und Indoktrination von Menschen an diesem Ort in der NS-Zeit wirkten. Der weitere Weg abwärts führt in Höhe der Unterkunftsgebäude rechts ab zum ehemaligen so genannten „Sonnwendplatz". Dort steht bis heute die markante, fünf Meter hohe Plastik „Der Fackelträger". Hier konnten die „Junker" ablesen, was von ihnen erwartet wurde: „Ihr seid die Fackelträger der Nation…"

Diese Plastik steht exemplarisch für das gänzlich Unmenschliche am Menschenbild des Nationalsozialismus, für die NS-Schlagworte

Das frühere Gemeinschaftshaus wurde im Krieg weitgehend zerstört. Die Belgier rekonstruierten das Gebäude teilweise eingeschossig.

Das Sportler-Relief und das darüber aufragende Halbrund der gemauerten Freilichtbühne, des ehemaligen Thingplatzes von Vogelsang.

Der Torso eines der beiden früheren Adler-Reliefs, die dem „Adlerhof" den Namen gaben, steht heute in der Nähe des Forums.

„Herrenmenschen" und „Untermenschen" – und den daraus abgeleiteten Rassismus, der propagandistisch den Weg zu den späteren Vernichtungslagern bereitete. Keine andere Plastik auf Vogelsang symbolisiert so klar und unzweideutig das Gift des Lehrstoffs der „Ordensburg" wie der „Fackelträger".

Weiter hangabwärts, auf der untersten Ebene, findet man die Sportanlagen. Bergauf blickend links steht die ehemalige Turnhalle, rechts das weitgehend unverändert erhaltene Hallenbad. Dessen Innenraum zeigt an der Stirnseite ein großes Mosaik von Ernst Zoberbier. Dargestellt sind athletische Schwimmer am Strand.

Vom Schwimmbad aus kann man dem Weg abwärts folgen, um das Ufer des Urftsees zu erreichen. Die Nationalparkverwaltung plant hier eine Möglichkeit, das Gewässer zu überqueren.

Der Rückweg bergauf über die steilen Treppen führt zunächst zum Sportplatz, an dessen Bergseite man

das in der Nachkriegszeit beschädigte Sportler-Relief findet. Darüber ragt das gemauerte Halbrund der Freilichtbühne auf. Die ehemaligen Tribünen-Sitzreihen sind nur noch als Fragment vorhanden. Weiter oberhalb erreicht man die Unterkünfte. Eines der ehemaligen „Kameradschaftshäuser", also der Unterkünfte aus dem ersten Bauabschnitt, kann ab Mitte 2006 besichtigt werden. Ein Blick ins Innere verdeutlicht, dass es sich um militärisch-karge Bauwerke handelte. An die ganz westlich gelegenen Unterkunftsbauwerke schließt ein

mehrgeschossiges Verbindungsgebäude an. Es bildet den Übergang von den Schlaf- und Wohnräumen des ersten Bauabschnitts zu den später zusätzlich errichteten vier weiteren, größeren Unterkünften. Im Berg unterhalb des Verbindungsbaus verstecken sich die Luftschutzräume, die 1938 / 39 errichtet wurden. Ein unterirdischer Schutzraum reiht sich an den anderen. An mehreren Stellen im Gelände erkennt man quadratische, etwa einen Meter hohe Ziegelstein-Bauwerke, die oben mit einer Platte abgedeckt sind. Dies waren die Notausstiege aus den Luftschutzräumen.

Oberhalb der Unterkünfte erreicht man wieder den Adlerhof, wo man sich in der Cafeteria noch einmal für den Weg zum Parkplatz oder für einen Ausflug in den Nationalpark stärken kann. Der Rückweg führt vom Adlerhof über die Treppe zunächst hinunter auf den Appellplatz, von dort folgt man der Wegemarkierung am Turm vorüber. In dem flachen Bauwerk hinter dem Turm befindet sich bis heute die ursprüngliche Kohlenheizung Vogelsangs mit mehreren großen Brennern. Sie tragen noch das Firmenschild mit der Aufschrift: „C. H. Weck, Greiz-Dolau, Baujahr 1937". Dieses Technikdenkmal ist ein-

schließlich der Kohlen-Förderbänder und der automatischen Asche-Entleerung voll betriebsbereit.

An der weiteren Route erkennt man links etwas abseits das ehemalige Krankenhaus, das von den Belgiern als Offiziersunterkunft mit dem Namen „Redoute" genutzt wurde. Es handelt sich um das einzige Gebäude des Denkmal-Ensembles mit einem Außenputz. Beim Rückweg passiert man auch eine Tankstelle, die 2004 unter Denkmalschutz gestellt wurde, weil sie als sehr typisches Beispiel der sachlich-kargen Zweckmäßigkeit dieses Bauwerkstyps in den 1950er Jahren gilt. Heute dient die Tankstelle als Bushaltestelle. Kurz dahinter endet am Parkplatz der Rundweg durch das Denkmal Vogelsang. ■

Blick vom Turm über die Sportanlagen zum Urftsee.

Der Nationalpark
– Natur pur

Ranger der Nationalpark-verwaltung führen Besucher durch das landesweit einmalige Groß-schutzgebiet.

Rund um die Bauwerke der ehemaligen „NS-Ordensburg" entfaltet sich der Kernbereich des Anfang 2004 gegründeten „Nationalpark Eifel". Hier hat die Natur absoluten Vorrang. Gleichzeitig soll dieses Refugium der Pflanzen und Tiere für die Menschen erlebbar gemacht werden, um Verständnis für die sich ungestört entfaltenden Natur-Prozesse zu wecken.

Der Nationalpark Eifel ist rund 110 Quadratkilometer groß, er erstreckt sich von Nideggen im Norden bis zur belgischen Staatsgrenze. Erschlossen wird das Schutzgebiet durch zahlreiche Wander- und Fahrradwege. Überall gilt allerdings ein Wegegebot. Das

heißt, dass man die markierten Wanderrouten nicht verlassen darf. Speziell für die Fläche des ehemaligen Truppenübungsplatzes ist sehr dringend anzuraten, sich an dieses Gebot zu halten. Außerhalb der markierten Routen bestehen potenziell Gefahren durch Relikte der militärischen Nutzung. Eine flächendeckende Entmunitionierung war bislang nicht möglich. Markante Hinweisschilder an der Grenze des ehemaligen Schießplatzes weisen auf die Gefahren hin.

Mehrere Nationalparkwege kreuzen Vogelsang, sie laden die Besucher zu einem Ausflug ins Schutzgebiet ein. Die Nationalparkverwaltung ist derzeit bestrebt, unterhalb

Vogelsangs eine Urftsee-Querung zu ermöglichen. Nach der Realisierung, die für 2007 angestrebt wird, kann man die 100 Jahre alte Staumauer als touristisch attraktives Ziel über den Seeuferweg erreichen. Ein anderer Weg wird demnächst Vogelsang und die Kurstadt Gemünd verbinden.

Bereits jetzt nutzbar ist ein Rundweg, der von Vogelsang aus zu den Überresten des ehemaligen Dorfes Wollseifen führt. Für die 6,5 km lange Tour sollte man sich etwa drei Stunden Zeit nehmen und dabei die zusätzlich zum Wegegebot geltenden Regeln beachten: Hunde bitte anleinen, nur Eindrücke sammeln, nicht aber Pflanzen oder Tiere. Das

Nationalparkforstamt bietet jeden Sonntag ab 14 Uhr eine durch erfahrene Ranger geführte kostenlose Wanderung auf dieser Route an. Die Strecke ist mit Kindern und geländegängigen Kinderwagen möglich.

Der markierte und beschilderte Rundweg beginnt am Vogelsanger Forum. Man steigt vom ehemaligen Adlerhof - mit Blickrichtung zum See - linker Hand über die Freitreppe abwärts zum früheren Appellplatz. Die Route weiter links abwärts führt zu den großen Unterkunftsbauten, an denen der Weg nach links in Richtung Wollseifen beginnt. Bald verlässt die Route den Gebäudekomplex, der Nationalpark beginnt.

Luftbild der Urfttalsperre, die mitten im Nationalpark liegt.

Die Überreste des ehemaligen Dorfes Wollseifen im früheren Truppenübungsplatz

Natur hat die Ruinen inzwischen überwuchert. Bald rückt voraus, auf dem Gipfel eines flachen Hügels, der Turm einer Kirchenruine ins Blickfeld. Bei der weiteren Annäherung erkennt man einige wenige Reste früherer Wohnhäuser sowie die bizarr anmutende Ansammlung schneeweißer Kalksandstein-Rohbauten. Das sind die Relikte des ehemaligen Dorfes Wollseifen.

Die 550-köpfige Bevölkerung musste Ende August 1946 im Zuge der Beschlagnahme der Flächen des Truppenübungsplatzes innerhalb von zwei Wochen den Ort räumen. Ab dem 1. September 1946 schossen die ersten Manövertruppen dort scharf. Die von der Zwangsräumung betroffene Bevölkerung siedelte sich vorwiegend in der Umgebung des Sperrgebietes an, viele kamen aber auch in weiter entfernten Regionen

Die Tour quert das Neffgesbachtal und führt an den Trümmern des ehemaligen „Dorf Vogelsang" vorüber, welches in der Zeit des Truppenübungsplatzes zerstört wurde. Die Bauwerke waren bis 1940 als Rohbauten für das Stammpersonal Vogelsangs errichtet worden. Die

Brutplatz am Urftsee.

Auch im Winter bietet sich vom Forum aus ein grandioser Ausblick auf das Urfttal.

unter. Das Dorf wurde innerhalb weniger Jahre nahezu völlig zerstört. Die Kirche „St. Rochus" fiel einem Brand zum Opfer. Die Ruine wurde später durch ein neues, provisorisches Dach vor dem weiteren Verfall gerettet und steht inzwischen unter Denkmalschutz. Mitte der 1950er Jahre wurden mit Hilfe der belgischen Kommandantur rund 150 Verstorbene vom ehemaligen Wollseifener Friedhof umgebettet. Sie fanden ihre endgültige Grabstätte auf den Friedhöfen der Orte, in denen ihre Nachkommen inzwischen lebten.

Die Ruinenlandschaft Wollseifens nutzten die Manövertruppen vorwiegend für das Training des Häuser- und Straßenkampfes. Zu diesem Zweck wurden auch die neuen Kalksandsteinbauten errichtet. Sie zeugen bis heute vom Nachkriegsgeschehen in diesem alten Eifeldorf. Neben der Kirche erinnern nur Fragmente der ehemaligen Schule, ein Trafo-Häuschen und eine Wegekapelle sowie einige Grundmauern an den ehemaligen Ort. Der „Traditionsverein Wollseifen" bemüht sich darum, die Kirche als Mahnmal und zum stillen Gedenken an die verlorene Heimat zu erhalten. Die Ruine von St. Rochus gemahnt an die hier drastisch sichtbaren Folgen der Gewaltherrschaft des „Dritten Reichs" auch für die deutsche Bevölkerung.

Der weitere Rundweg führt kurz bergab und dann wieder zum Hochplateau hinauf, wo man abseits der Route die Überreste gesprengter Bunker erkennt, die 1939 als „Igelstellung" zur Verteidigung Vogelsangs gebaut wurden. Die Route führt über die Hochebene zurück zum Ausgangspunkt. ■

SERVICE & INFO

INTERNET-ADRESSEN

www.lernort-vogelsang.de
Informativste Seite zu Vogelsang

www.vogelsang-ip.de
Hier findet man alle relevanten
Informationen über Öffnungszeiten,
Preise und Angebote der
Serviceagentur Vogelsang.

www.euregionale2008.de
Informationen zu Konzepten und
Förderungen des Projekts vogelsang
ip durch die EuRegionale 2008.

www.foerderverein-nationalpark.de
Informationen zum Nationalpark und
zu Vogelsang.

www.kreis-euskirchen.de/start.htm
Informationen der Kreisverwaltung
Euskirchen.

www.video4u.be
Internetseite eines belgischen
Soldaten zu Vogelsang.

LITERATURTIPPS

HEINEN, F. A.:
Vogelsang - Von der NS-Ordensburg
zum Truppenübungsplatz in der Eifel.
Eine kritische Dokumentation,
Helios-Verlag Aachen 2005,
3. aktualisierte und erweiterte Aufl.

SCHMITZ-EHMKE, Ruth:
Die Ordensburg Vogelsang.
Architektur – Bauplastik –
Ausstattung (=Arbeitsheft der rheini-
schen Denkmalpflege 41),
Wernersche Verlagsgesellschaft
Worms 2006, 3. Aufl.

ARNTZ, Hans-Dieter:
Ordensburg Vogelsang 1934 – 1945:
Erziehung zur politischen Führung
im Dritten Reich,
Kümpel-Verlag Euskirchen 1999,
4. aktualisierte Aufl.

ANREISE MIT BUS UND BAHN

www.vrsinfo.de
www.bahn.de
www.rurtalbahn.de
www.kve-euskirchen.de

Mit der Deutschen Bahn (DB) erreicht man von Köln / Bonn bzw.
Trier kommend den Bahnhof Kall.
Von hier fährt täglich im Stunden-
takt ein Nationalpark-Shuttle-Bus
(SB 82) über Schleiden-Gemünd
nach Vogelsang und zurück.

Die Wildnis-Linie (SB 63) rollt an
Wochenenden und Feiertagen von
Simmerath-Einruhr nach Vogelsang –
umsteigefrei ab Aachen Bushof.

Von Düren kommend (Anschluss an
DB Aachen–Köln) fährt die
Rurtalbahn bis Heimbach.

Weitere Nationalpark-Buslinien
erschließen das Großschutzgebiet an
Wochenenden und Feiertagen.
Immer zum Saisonbeginn erscheint
das Fahrplanheft „Natur erfahren"
mit allen Bus- und Bahnverbin-dun-
gen in und um den National-park
Eifel sowie Tarifinformationen und
Ausflugstipps.

Im Internet findet man unter
www.nationalpark-eifel.de eine
Übersichtskarte mit den Bus- und
Bahnlinien sowie Verweise auf die
Angebote und Fahrpläne der Ver-
kehrsunternehmen und -verbünde.

Die „Schlaue Nummer für Bus und
Bahn" informiert telefonisch unter
01803 / 504030 (9 Cent/Minute aus
dem deutschen Festnetz).

ALLGEMEINE TOURISMUS-INFO

Eifel Tourismus GmbH:
Tel.: 06551 / 96560
Fax: 06551 / 965696
www.eifel-info.de
E-Mail: info@eifel.info
Anschrift:
Kalvarienbergstraße 1
54595 Prüm

Touristik Schleidener Tal e.V.:
Tel.: 02444 / 2011
www.gemuend.de
E-Mail: info@gemuend.de
Anschrift Geschäftsstelle:
Kurhausstraße 6
53937 Schleiden-Gemünd

Monschauer Land Touristik e.V.:
Tel.: 0180 / 5012500
www.eifel-tipp.de
E-Mail: info@eifel-tipp.de
Anschrift Geschäftsstelle:
Seeufer 3
52152 Simmerath-Rurberg

Rureifel-Tourismus e.V.:
Tel.: 0700 / 34335000
www.rureifel-tourismus.de
E-Mail: info@rureifel-tourismus.de
Anschrift Geschäftsstelle:
An der Laag 4 (Nationalparktor)
52396 Heimbach

NATIONALPARK

Eine Übersichtskarte des gesamten Nationalparks und weitere Informationen findet man im kostenlosen Faltblatt „Nationalpark Eifel – Auf einen Blick". Die offizielle Wanderkarte „Nationalpark Eifel" ist im Handel und im „Forum" Vogelsang erhältlich.

BARRIEREFREIE ANGEBOTE

Zwei Übersichten des Deutsch-Belgischen Naturparks Hohes Venn-Eifel bündeln vorhandene Angebote der Region, die bereits heute insbesondere auch für Menschen mit Behinderungen geeignet sind: Die Broschüre „Eifel barrierefrei" sowie die Internetpräsentation www.eifel-barrierefrei.de. Die Broschüre kann angefordert werden beim:

Deutsch-Belgischen Naturpark
Steinfelder Straße 8
53947 Nettersheim
Tel.: 02486 / 911117

ANGEBOTE FÜR GRUPPEN

Gruppen sind bei den ehrenamtlichen Waldführerinnen und Waldführern für den Nationalpark Eifel in guten Händen. Gegen eine Aufwandsentschädigung von 12,50 € pro Gruppe und Stunde führen die speziell für den Nationalpark ausgebildeten zertifizierten Natur- und Landschaftsführer auf den jeweils gewünschten und passenden Routen. Die Führungen werden in acht Sprachen angeboten.

Wandertouren mit den Waldführerinnen und Waldführern können gebucht werden über:

Bernhard Dickmann
Nationalparkforstamt Eifel
Tel.: 02473 / 8676
E-Mail:
dickmann@nationalpark-eifel.de

Erlebnis - Rheinland
Freizeitführer für 4,95 €

In dieser Reihe erscheinen praktische Begleiter für Tagestrips oder das verlängerte Wochenende. Auf 50 Seiten im A5-Format, bieten diese Publikationen eine gute und schnelle Orientierung, Hintergrundwissen, Service und Infos.

Der Nationalpark Eifel und Umgebung
Ein touristischer Leitfaden durch die Region
von Detlev Zenk
3-935873-14-X
erscheint Sommer 2006

Vogelsang - im Herzen des Nationalparks Eifel
Ein Begleitheft durch die ehemalige „NS-Ordensburg"
von F. A. Heinen
3-935873-11-5

Ahrweiler
von Hans-Georg Klein
3-935873-05-0

Das Ahrtal
von Bad Bodendorf bis Altenahr
von Vera Kettenbach
3-935873-02-6

Zons
- alte Zollfeste am Rhein
von Detlev Zenk
3-935873-09-3

Kaiserswerth
- Perle am Rhein
von Christoph Mulitze
3-935873-08-5